CONSIDÉRATIONS

LITTÉRAIRES ET MÉDICALES

SUR LA MUSIQUE,

Lues à la Séance publique de la Société de Médecine de Marseille,

Par M. GUIAUD, Fils, Docteur en Médecine de la Faculté de Paris.

A MARSEILLE,

De l'Imprimerie de Joseph-François Achard, au boulevard du Musée.

M DCCC XVI.

CONSIDÉRATIONS

LITTÉRAIRES ET MÉDICALES

SUR LA MUSIQUE.

Il est un art qui , par l'assemblage harmonieux des sons habilement combinés et
disposés avec adresse , excite dans notre
âme des émotions vives et profondes , charme notre esprit et console nos peines en
nous entourant des illusions les plus douces;
cet art est la musique : universellement
répandue , les nations barbares comme les
peuples civilisés , répondent à ses accens ;
aussi ancienne que le monde , elle trouve
son origine dans les premières impressions
que reçut des objets environnans l'homme
nouvellement sorti des mains du Créateur.
Si , dès les premiers momens de son existence , le spectacle de la terre et de la
voûte azurée offrit , à sa vue , un tableau
à-la-fois majestueux et brillant , l'oreille , à
son tour , fut agréablement flattée du mur-

mure de l'onde , du doux frémissement des vents et du chant varié des oiseaux ; les sensations déterminées par ce mélange de sons diversifiés à l'infini , durent inspirer à l'homme l'idée d'assouplir sa voix , de la modifier , de la fléchir de manière à imiter des accens , dont le charme entraînant était si bien en rapport avec la sensibilité de ses organes. La musique vocale fut donc celle que l'homme cultiva la première ; mais seule encore , il lui manquait une compagne qui, s'unissant à elle , la parât de nouveaux attraits , lui donnât de nouvelles forces , et agrandit ainsi son pouvoir. L'homme ne tarda pas à la trouver ; le bruit de l'air, dans les roseaux agités et les tiges creuses de certaines plantes , le retentissement des cordes tendues pour tout autre usage que celui de produire des sons , lui inspirèrent bientôt l'idée de la musique instrumentale ; il la créa , l'associa à la vocale , et se procura ainsi une nouvelle source de jouissances.

On conçoit combien durent être imparfaits les premiers essais que fit l'homme des différens instrumens de musique , soit qu'alongés en tube il les animât de son

souffle , ou que disposés en cordes vibrantes
il les fit résonner sous ses doigts , et mariât
aux sons qu'il en tirait ceux de sa voix
peu flexible encore. La civilisation , en créant
de nouveaux besoins , perfectionna une
foule d'arts , jusques - là enveloppés des
ténèbres de l'ignorance et de la barbarie ;
une forte impulsion fut alors communiquée
à celui qui a tant d'action sur notre âme ,
tant de pouvoir sur notre volonté, et l'homme
créa la musique une seconde fois ; en lui
donnant une nouvelle vie , il lui imprima
des formes plus gracieuses , et la revêtit
des plus brillantes couleurs ; alors les
accens de la voix ne furent plus un vain
bruit , imitation grossière du ramage des
oiseaux , du murmure de l'onde , ou du
sifflement des vents; les instrumens , façon-
nés par des mains habiles, flattèrent agréablement l'oreille par la douceur et la grâce de leurs sons ; unis à des voix qu'une
étude prolongée avait su rendre pures ,
souples et sonores , ils produisirent ces
concerts harmonieux dont les charmes véri-
tablement magiques avaient le pouvoir de
calmer les cuissons du chagrin, les tourmens

de la douleur, et les mouvemens impétueux de la colère.

Qu'on ne s'étonne plus après de tels effets du tribut d'hommage et de vénération que les Grecs rendaient à la musique ; doués d'une exquise sensibilité , habitans de la plus belle région du globe , possesseurs d'une langue mélodieuse , pouvaient - ils rester indifférens aux prodiges de l'harmonie ? Et n'était-ce pas à eux qu'il appartenait de cultiver, de perfectionner un art que leur organisation et les circonstances qui les en- touraient devaient leur faire si bien apprécier ? Aussi les annales de ce peuple nous re- tracent son respect et son enthousiasme pour la musique. Il lui avait assigné une demeure céleste, elle habitait l'Olympe ; les Pythagoriciens la regardaient comme le prin- cipe de vie ; selon eux , en effet , l'âme n'est qu'une harmonie. Platon voulait s'unir aux institutions sociales et politiques ; il disait que les changemens opérés dans la musique devaient en opérer aussi dans le mode de gouvernement; qu'elle seule avait le pouvoir de réprimer l'insolence des factieux, de ranimer le courage abattu , de détruire l'orgueil, la bassesse, et les autres vices qui peuvent dégrader l'homme; selon Polybe, elle adoucissait les mœurs des Arcades, peuple qui, vivant sous un ciel humide et froid, était habituellement sombre, farouche, mélancolique. Athénée ne trouvait pas de moyens plus efficaces pour graver les préceptes de vertu dans le cœur des hommes, que ceux de les parer du charme de la poésie, et de les animer, ensuite, par la mélodie d'une musique grave et majestueuse. C'est d'après ces idées, que lorsque les besoins de la patrie ou l'amour de la gloire arrachaient les guerriers de l'ancienne Grèce aux charmes de l'hyménée, jaloux de la chasteté de leurs femmes, ils en confiaient la garde à des musiciens renommés; c'était par des sons graves, imposans et religieux, que ces maîtres de l'harmonie réprimaient, dans le sein des épouses délaissées, le penchant à l'infidélité et les fréquens désirs qu'il excitait dans leurs âmes. L'austère Pénélope ne dut sa longue sagesse qu'aux musiciens que le prudent Ulysse avait placés auprès d'elle et qu'elle avait toujours dérobés aux regards inquiets de ses nombreux adorateurs. Agamemnon, en quittant son palais, confia au célèbre chanteur Démodocus, la garde de Clytemnestre ; attentive aux sons majestueux de sa voix, long-tems la reine d'Argos présenta le modéle d'une inviolable fidélité ; vainement alors l'impétueux Egisthe cherchait à ébranler sa vertu par tous les artifices que peut inspirer la passion de l'amour sous le ciel ardent de la Grèce ; les accens de Démodocus triomphaient du charme de ses discours ; furieux, égaré, Egisthe perce d'un fer meurtrier le musicien habile ; Démodocus chancelle, sa voix expire, et le dernier son qui s'en échappe se confond avec le dernier cri de la pudeur qui succombe.

Combien le récit de tant de faits merveilleux devait accroître la vénération des Grecs pour la musique ? Aussi était-elle devenue, comme le désirait Platon, une institution politique ; dans les assemblées du peuple, l'orateur ne montait à la tribune que lorsque l'esprit de la foule avait été favorablement disposé par les accens d'une musique convenable au sujet de son discours. Les codes de la législation n'étaient formés et établis que sous l'influence d'une mélodie grave et sévère ; des phénomènes remarquables manifestaient l'énergie des sensations que produisait sur l'habitant de la Grèce la réunion des sons habilement mélangés, ou adroitement opposés entr'eux. Ainsi, les chants mâles et belliqueux du célèbre Thyrtée allaient ranimer, dans le cœur du fier Spartiate, cette audace, ce courage bouillant, qui font braver la mort et assurent la victoire. Ainsi Alexandre respirait, tour-à-tour, l'audace du guerrier, la timidité de l'enfant, l'énergie du héros, la molesse du Sybarite, suivant que la lyre de Timothée laissait échapper des sons excitans, rapides, impétueux, ou des accens remplis de la plus tendre langueur et de la plus douce mélodie.

Si la musique des tems modernes ne nous présente pas des effets aussi surprenans que ceux que nous retrace l'histoire de l'ancienne Grèce, n'en accusons qu'une organisation moins sensible, un climat moins ardent, et des mœurs différentes. Gardons-nous cependant de croire, que moins énergique , moins expressive que celle des Grecs, la musique de nos jours n'ait qu'un faible pouvoir sur l'homme ; sans opérer des miracles, elle exerce cependant une influence bien marquée. Quel charme n'éprouvons-nous pas dans ces réunions , où des artistes distingués développent, à notre oreille , toutes les beautés de ces brillantes compositions , qui font l'honneur de la musique française ! Eh ! si nous reportons , un instant, notre pensée vers ces tems désastreux de nos fureurs révolutionnaires , quelle ardeur , quelle ivresse excitaient parmi nos phalanges , ces hymnes , enfantés dans le délire d'une liberté effrénée ! Abandonnons ces souvenirs douloureux et pénétrons dans l'enceinte de nos temples sacrés ; au milieu des cantiques et du parfum de l'encens qui brûle au pied des autels , l'orgue fait entendre sa voix majestueuse ; à l'instant un silence religieux, un recueillement profond, règnent parmi la foule prosternée ; les voûtes frappées de sons mélodieux les répètent au loin , et l'âme vivement transportée a cru entendre l'harmonie des cœurs célestes.

Voyez ces soldats qu'ont nourris les monts de l'Helvétie ; ils fuyent leurs drapeaux et regagnent à la hâte le toit qui les a vu naître. Qui peut avoir produit un changement aussi prompt dans des cœurs aussi braves ? La musique a fait entendre le *rauz des vaches*, cet air si chéri leur a rappelé la mère patrie ; leurs regards attendris se sont tournés vers elle, et le souvenir du sol natal, plus puissant que le devoir, les arrache à ces drapeaux qu'ils ont juré de défendre. Jetez les yeux sur cette multitude de guerriers que la fatigue accable, et que la faim poursuit ; découragés, abattus, ils semblent avoir oublié la victoire attachée à leurs armes ; que les sons d'une musique vive, mâle et rapide se fassent entendre ; aussitôt leur énergie se réveille, leur courage se ranime, et de nouveaux trophées arrachés à l'ennemi viennent attester les prodiges de l'harmonie. Non-seulement le guerrier, mais encore le poëte sait puiser dans la musique les élans de son esprit créateur ; inspiré par ses accens, il trace ces tableaux animés, gracieux, où sont déployées les richesses d'une imagination vive et féconde. C'est au son de la harpe et sous le beau ciel de la Provence , que le galant Troubadour faisait entendre sa voix poétique , et la jeune vierge se plaisait à décorer d'une écharpe , à couronner de fleurs le chantre mélodieux dont les touchans accords la faisaient tressaillir d'allégresse et d'amour. N'est-ce pas encore la musique qui prête ses charmes à cet exercice bruyant et cadencé qu'a chéri de tout tems la jeunesse ? Sans elle, en effet , la danse ne présenterait qu'un froid assemblage de pas sans mesure , de gestes sans expression ; à la musique seule , appartient le pouvoir d'animer ce tableau en répandant la souplesse , la grâce et la légéreté dans cet ensemble de mouvemens dont l'œil parcourt avec plaisir la scène variée.

Nous venons d'exposer rapidement, parmi les phénomènes généraux de la musique, ceux qui nous ont paru le plus dignes de fixer l'attention; considérons maintenant cet art sous un rapport purement médical ; examinons quel est son mode d'action sur l'économie vivante , et quelles sont les

ressources que la médecine peut en tirer,
en l'appliquant au traitement des maladies.

Les accords de la plus belle harmonie
seront toujours indifférens à l'homme lym-
phatique, chez lequel toute l'organisation
n'accuse que des impressions froidement
reçues ; il faut donc être doué d'une vive
sensibilité, pour éprouver tous les charmes
de la musique, et les effets qu'elle produit. Les nerfs et le cerveau, que l'on
regarde comme le siége principal de cette
sensibilité, seront donc les organes sur
lesquels doit agir spécialement la musique,
et c'est en les excitant, c'est en portant
sur eux des impressions aussi vives que
profondes, qu'elle développe son action et
manifeste ses résultats. Répétées fréquem-
ment, ces impressions ne produisent pas
ici les effets ordinaires de l'habitude ; elles
n'émoussent pas le sentiment, mais par
contraire elles rendent prédominante cette
vive sensibilité du cerveau et de l'ensemble
des nerfs, et cette prédominance imprime
à toute l'économie les traits qui constituent
le tempérament nerveux. Veut-on se con-
vaincre de cette vérité ? Qu'on jette les yeux

sur l'homme qui , faisant de la musique son étude principale , nous présente le musicien par excellence : sa physionomie est expressive , son geste rapide , animé , sa mobilité prodigieuse , sa mémoire , son imagination très-étendues , ses sensations vives et profondes , ses passions violentes , celle de l'amour souvent portée jusqu'à cet héroïsme du sentiment , qui rappelle le souvenir de nos preux chevaliers.

A l'ensemble de ces traits , on ne peut méconnaître les principaux caractères qui constituent le tempérament nerveux. Ce tempérament est , en effet , celui du musicien ; il peut l'apporter en naissant, mais l'étude de la musique a le pouvoir de le développer, de le rendre prédominant ; elle peut aussi modifier les autres tempéramens , par son action long-tems continue , et donner ainsi la susceptibilité nerveuse à l'homme qui est né sanguin ou bilieux.

Naturellement plus impressionnable que l'homme , presque toujours douée du tempérament nerveux , à quel degré d'exaltation la femme ne porte-t-elle pas la sensibilité qui l'anime, quand elle se livre , avec passion,

ıx charmes de la musique? Eh ! s'il nous
tait permis de ressussiter , à son égard , les
lées et les expressions d'une physiologie
urannée , nous dirions que c'est principa-
ement chez elle que les nerfs peuvent être
egardés comme des cordes tendues, dont
es vibrations répondent , avec force, à la
ıain qui les interroge : suivons, en effet,
u milieu d'un concert, cette femme qui
echerche , avec ardeur , les impressions de
a musique; déjà cet assemblage, cet accord
ıarmonieux d'instrumens et de voix ont ravi
on attention et toutes ses facultés ; déjà
ın frémissement involontaire parcourt tout
son corps; qu'un virtuose fasse alors réson-
ıer un instrument sous ses doigts habiles ,
et développe à l'oreille toute la perfection
le son art ; rien ne peut exprimer ses effets
sur la femme qui l'écoute; sa respiration
est ralentie, sa bouche entr'ouverte, ses yeux
sont fixes , des mouvemens spasmodiques
agitent ses membres , et tout le système nerveux, vivement ébranlé , manifeste les trop
fortes impressions que détermine la musique
sur un être dont toute l'économie n'est ,
pour ainsi dire, qu'un foyer de sensibilité.

Si , détournant les yeux de ce pénible tableau , nous recherchons des images plus consolantes sur l'action de la musique, nous en trouverons quelques-unes dans l'application qu'a fait la médecine de cet art au traitement, soit palliatif , soit curatif, de quelques maladies. L'origine de l'emploi de la musique , comme moyen thérapeutique, est fort ancienne ; les Hébreux connaissaient son influence dans les affections nerveuses. La Bible nous apprend que les agitations, les transports impétueux de l'infortuné Saül étaient soudainement appaisés par les accords que faisait entendre la harpe du Roi prophète. Pythagore fut le premier des Grecs qui préconisa le pouvoir de l'harmonie sur plusieurs maladies. Si l'on en croit ce philosophe, la musique arrêta les progrès d'une peste qui désolait plusieurs provinces de la Grèce ; ses accens mâles, énergiques, relevérent le courage abattu des malheureux habitans , et bornérent ainsi les ravages de la contagion. Le mode phrygien, selon Théophraste, avait le plus grand pouvoir sur les affections sciatiques. Le chant que l'on dirige sur les parties souffrantes, dit Cælius Aurelianus, calme les douleurs dont elles sont le siége , et ces parties y répondent par des tres-saillemens. Rappellerons-nous ici les merveilleux effets de la musique dans la morsure de la tarentule ? L'homme , piqué par cet insecte , guérit, dit-on , en se livrant à l'irrésistible désir de la danse , aussitôt que les sons d'un instrument se font entendre. On sait que l'illustre Baglivi s'est plu à retracer tous les détails de ce fait , que plusieurs médecins regardent comme fabuleux. Si nous parcourons les pages que Bonnet a consacrées à la musique , considérée sous le rapport médical , nous verrons que des gouttes rebelles n'ont pas long-tems résisté aux charmes d'un concert exécuté par d'habiles musiciens; que des transports phrénétiques, des accès hystériques, ont été appaisés par des airs doux et touchans. Que n'a-t-on pas écrit sur les effets de la musique , dans la manie amoureuse, la manie religieuse et la mélancolie ? Ecoutons Jean Botta, médecin italien ; nouveau Paracelse, il a trouvé, dans la musique , la panacée universelle ; les airs exécutés sur des flûtes

construites avec le bois de certaines plantes,
dont les propriétés médicales ont jadis été
vantées , suffisent pour la guérison des
maladies les plus graves. Individus au teint
pâle , aux chairs engorgées , à la démar-
che chancelante, approchez : les sons d'une
flûte de bois de thyrse vont dissiper
cette lymphe épaissie qui recouvre vos organes et obstrue les canaux de la vie ;
maniaques, hommes en fureur , dont les
cheveux hérissés , les yeux étincelans, les
mouvemens impétueux, annoncent le dé-
sordre de tous les sens , rassurez-vous :
la flûte au bois d'ellébore , par des sons
pleins de douceur et de mélodie , vient
calmer les transports qui vous agitent; hommes infortunés , dont tous les organes blasés
attestent que, pour vous, la coupe des
plaisirs est depuis long-tems épuisée, rap-
pelez l'espérance : la flûte au bois de roquette
va réveiller votre sensibilité, ranimer votre
énergie et vous ouvrir une source d'impressions nouvelles.

Bornons ici l'exposition de ces idées
extravagantes ; laissons à leur auteur la flûte
d'ellébore, à titre de récompense pour une

nvention aussi merveilleuse, et, sans tracer
le plus longs détails sur les prodiges de
a musique appliquée au traitement des
maladies, avouons avec franchise que, parmi le grand nombre de faits qui manifes-
ent l'influence de cet art dans différentes
ésions de l'économie, les uns ne sont rien
moins qu'authentiques, que plusieurs autres
sont défigurés par la tradition ou exagérés
par l'enthousiasme ; que, si la musique
guérit quelques maladies nerveuses, elle
prédispose à un grand nombre d'autres,
chez les individus irritables qui la cultivent
avec passion; qu'elle calme, modère les
accès de l'hystérie, de la manie; mais qu'elle
ne guérit pas les affections qui les détermi-
nent; enfin, qu'en agissant fortement sur
le système nerveux, elle fait prédominer
ce système, et devient ainsi la source d'une
foule d'anomalies du sentiment, du mou-
vement et des facultés intellectuelles.

Loin de nous cependant l'idée de pros-
crire la musique, de la regarder comme
un art pernicieux au maintien de la santé ;
les heureux effets qu'elle produit et que
nous avons signalés dans le cours de ces

réflexions , nous mettent à l'abri de ce re-
proche ; cultivée avec modération , employée
avec discernement, elle présente des bien-
faits. Ainsi, dans ces momens trop fréquens
où les vapeurs de l'hypocondrie menacent
d'envelopper notre âme , où l'esprit , fatigué
par des occupations sérieuses, éprouve le
besoin de délassement , elle est un moyen
puissant qui redonne, à l'âme, sa sérénité,
à l'esprit, son activité et toute sa force;
mais , en reconnaissant les effets salutaires
de la musique, ainsi que les charmes at-
tachés à son exercice, nous ne devons jamais
oublier que les jouissances qu'elle procure
finissent, quand elles sont trop répétées,
par altérer le principe de cette sensibilité,
source précieuse du plaisir attaché à notre
existence.

www.ingramcontent.com/pod-product-compliance
Lightning Source LLC
LaVergne TN
LVHW011011180726
843502LV00007B/2476